국립중앙도서관 출판시도서목록(CIP)

우리는 친구 / 다니카와 슌타로 글 ; 와다 마코토 그림 ; 김숙 옮김. -- 인천 : 북뱅크, 2005
　　　　p. ; 삽도 ; 　　cm

원서명: とも-だち
ISBN 89-89863-36-8 73830 : ₩9,000

833.8-KDC4　　　　　　CIP2005000781

## 우리는 친구

Text Copylight ⓒ 2002 by Shuntaro TANIKAWA
Illustrations Copylight ⓒ 2002 by Makoto WADA
Photos provided by Orion Press
First published in Japan in 2002 under the title "TOMODACHI"
by Tamagawa University Press
Translation Copyright ⓒ 2005 by Book Bank publishing Co.
Korean translation rights arranged with Tamagawa University Press
through Japan Foreign-Rights Centre/Imprima Korea Agency.

이 책의 한국어판 저작권은
Japan Foreign-Rights Centre/Imprima Korea Agency를 통해
Tamagawa University Press와의 독점계약으로 북뱅크에 있습니다.
저작권법에 의해 한국 내에서 보호를 받는 저작물이므로
무단전재와 무단복제 를 금합니다.

# 우리는 친구

다니카와 슌타로 글 | 와다 마코토 그림 | 김 숙 옮김

북뱅크

친구란

친구란 감기가 옮아도 괜찮다고 말하는 사람

친구란 집에 갈 때 함께 가고 싶은 사람

친구란 엄마나 아빠에게 말하지 못하는 걸
말할 수 있는 사람

친구란 모두 돌아가 버린 뒤에도
혼자 남아 기다려 주는 사람

| 친구라면 |
|---|

# 친구라면 생일을 꼭 기억하자

친구라면 아플 때 병문안을 가자

친구라면 여행 떠났을 때 그림엽서를 보내자

친구라면 빌린 물건은 꼭 되돌려 주자

## 친구라면 싫어하는 일을 하지 말자

혼자서는

혼자서는 들 수 없는 것도 둘이라면 들 수 있지

혼자서는 닿지 않는 곳도 친구가 있으면 긁어 주지

혼자서는 무서운 밤길도

둘이 함께 걸으면 무섭지 않지

혼자서는 재미없는 일도 둘이 하면 재미있지

혼자서는 할 수 없는 일도
친구들과 힘을 합하면 할 수 있지

### 어떤 기분일까

꾸중들은 친구는 어떤 기분일까

친구들에게 따돌림을 당했을 땐 어떤 기분일까

실수했을 때 아이들이 웃으면 기분이 어떨까

혼자만 빼놓고 쑥떡거리면 기분이 어떨까

아무리 기다려도 약속한 친구가 오지 않으면
기분이 어떨까

### 싸움

하고 싶은 말은 분명하게 하자
친구가 말하는 걸 귀 기울여 듣자

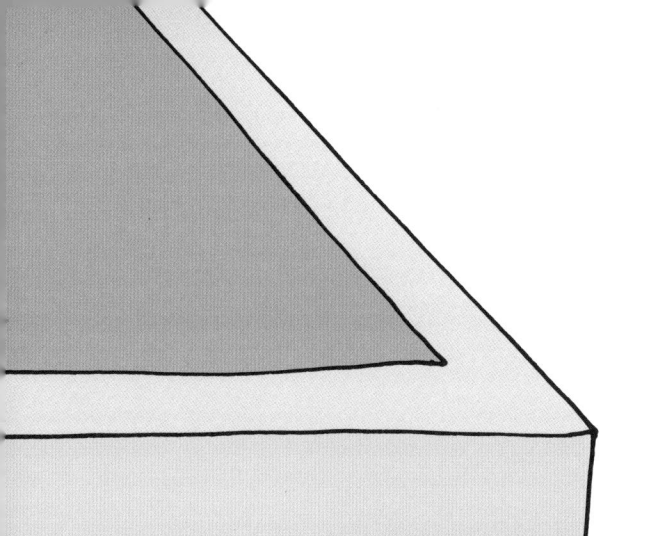

흉은 보더라도
험담은 하지 말자

싸움은 해도 좋다
하지만 한 사람을 여럿이서 괴롭히는 건 비겁한 일

엄마나 아빠, 선생님에게 고자질하는 건 얄미운 일

화해하는 데는 싸울 때만큼이나 용기가 필요하다

하지만 잘못했다는 생각이 들면 '미안해'라고 사과하자

친구는 친구

## 좋아하는 게 달라도 친구는 친구

# 말이 통하지 않아도 친구는 친구

나이가 달라도 친구는 친구

엄마, 아빠도 때로는 친구처럼

사람이 아니어도 친구는 친구

만난 적 없어도

어떻게 하면 이 아이를 도울 수 있을까
만난 적 없어도 우리는 친구

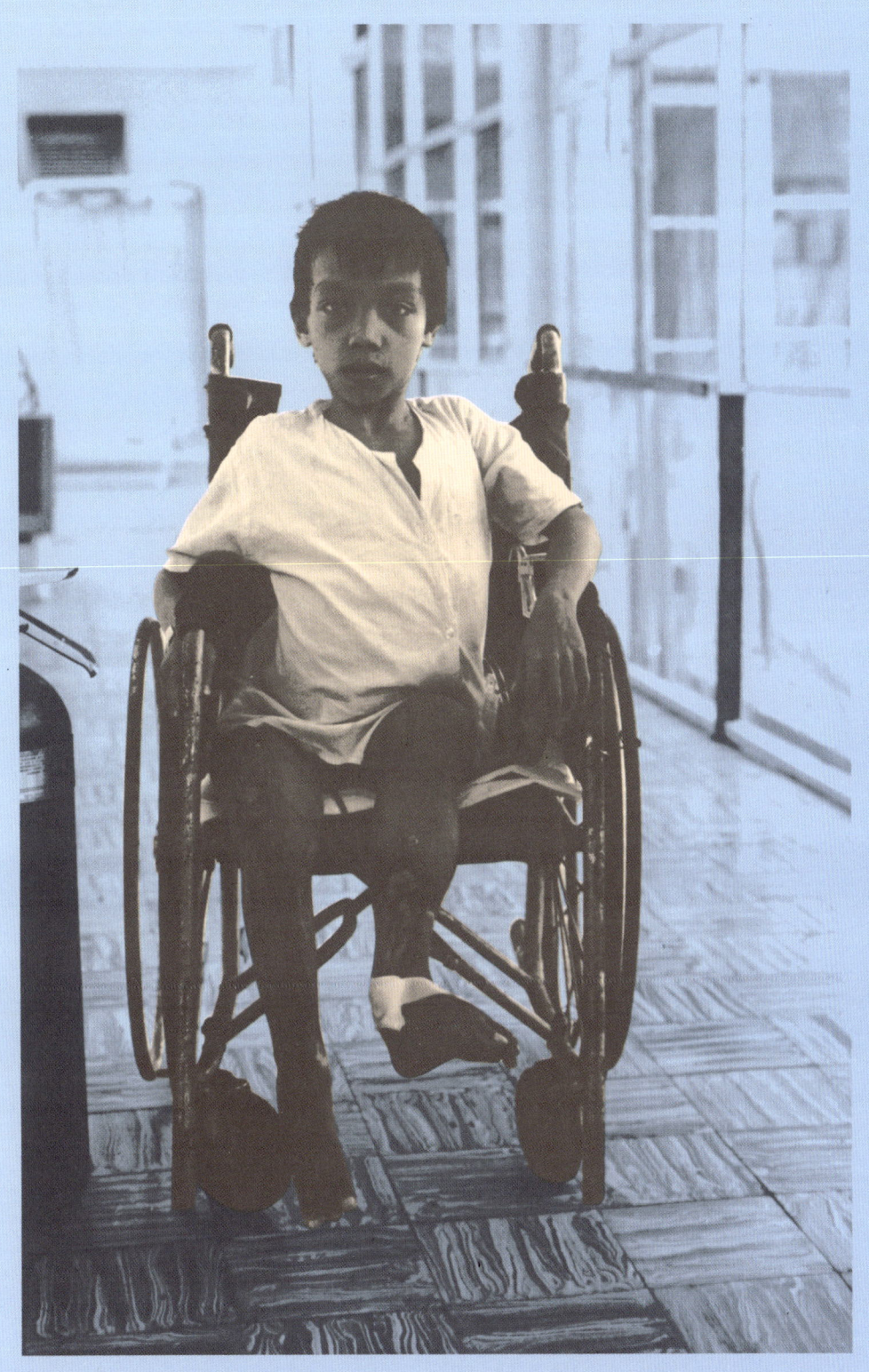

이 아이를 위해
무얼 해 주어야 좋을까
만난 적 없어도 우리는 친구

잘사는 아이 가난한 아이,

## 어떻게 해야 서로 친구가 될 수 있을까

누구라도
혼자서는 살아갈 수 없다

친구란 멋지다

친구와 손을 잡고
저녁놀을 보았다
둘이서
우주를 떠다니는
기분이었다

친구와 다투고
집에 갔다
마음속이
진흙으로 가득 찬
기분이었다

친구도
똑같은 기분일까

### 글 다니카와 슌타로(谷川俊太郎)

1931년 동경에서 태어났다. 18세 무렵부터 시를 쓰다. 1952년 『20억 광년의 고독』을 간행하였으며, 시, 번역, 창작 동요 등 폭넓게 활약하고 있다. 1983년 『하루하루의 지도』로 요미우리문학상을 수상하였다. 또 레코드 대상 작사상, 산케이 아동출판문화상, 일본번역문화상을 수상하였다. 대표작으로 『다니카와 슌타로 시집』 등이 있고, 『말놀이 노래』 등 어린이를 위한 시와 동화도 많이 썼다.

### 그림 와다 마코토(和田誠)

1936년 오사카에서 태어났다. 소박하고 따뜻한 선으로 인물의 특징을 잡아낸 일러스트를 주로 그리고 있다. 그 외 에세이스트, 영화감독, 그림책 작가 등 다양한 분야에서 활약하고 있다. 1983년 『비긴 더 비긴』으로 일본 논픽션상을, 1993년 『긴자 주변 두근거리는 나날』로 고단샤 에세이상을 수상하였다. 『즐거움은 지금부터다』 등의 저서 외에 『구멍』, 『해적의 노래』 등 여러 권의 그림책이 있다.

### 옮김 김 숙

동국대학교 교육학과를 졸업했다. 1988년부터 1992년까지 일본에 머물렀으며, 귀국 후 그림책 전문서점을 열고 좋은 그림책 읽기 모임을 하였고, SBS에서 애니메이션 번역을 하였다. 1999년 『문학동네』 하계문예공모에 단편소설이 당선되어 등단하였다. 우리말로 옮긴 동화는 『언제까지나 너를 사랑해』, 『아기 고양이』, 『펭귄표 냉장고』, 『마지막 마술』, 『생리야 놀자』, 『헝겊 토끼의 눈물』 등 10여 권이 있으며, 소설집 『그 여자의 가위』가 있다.

☐ 사진 제공 오리온 프레스 /슈테른 잡지사

## 우리는 친구

**지은이** | 다니카와 슌타로
**그린이** | 와다 마코토
**옮긴이** | 김 숙
**소판 1쇄 발행** | 2005년 5월 25일
**초판 7쇄 발행** | 2015년 12월 1일
**펴낸이** | 최용선  **펴낸곳** | 도서출판 북뱅크
**등록** | 제 1999-6호(1999. 5. 3)
**주소** | 인천광역시 부평구 십정2동 441 종근당빌딩 501호
**전화** | (032)434-0174 / 441-0174
**팩스** | (032)434-0175  **메일** | bookbank@unitel.co.kr
**페이스북** | https://www.facebook.com/bookbankbooks
ISBN 978-89-89863-36-6   73830

* 이 책의 판권은 도서출판 **북뱅크**에 있습니다. 이 책 내용의 전부 혹은
  일부를 재사용하려면 반드시 **북뱅크**의 서면 동의를 받아야 합니다.
* 잘못된 책은 본사나 구입처에서 바꿔드립니다.